La fille aux 200 doudous
et autres pièces de théâtre pour enfants

Du même auteur*

Certaines œuvres sont connues sous différents titres.

Romans

La Faute à Souchon : (Le roman du show-biz et de la sagesse)
Quand les familles sans toit sont entrées dans les maisons fermées
Liberté j'ignorais tant de Toi (Libertés d'avant l'an 2000)
Viré, viré, viré, même viré du Rmi !
Ils ne sont pas intervenus (Peut-être un roman autobiographique)

Théâtre

Neuf femmes et la star
Les secrets de maître Pierre, notaire de campagne
Ça magouille aux assurances
Chanteur, écrivain : même cirque
Deux sœurs et un contrôle fiscal
Amour, sud et chansons
Pourquoi est-il venu :
Aventures d'écrivains régionaux
Avant les élections présidentielles
Scènes de campagne, scènes du Quercy
Blaise Pascal serait webmaster
Trois femmes et un Amour
J'avais 25 ans
« Révélations » sur « les apparitions d'Astaffort » Jacques Brel / Francis Cabrel

Théâtre pour troupes d'enfants

La fille aux 200 doudous
Les filles en profitent
Révélations sur la disparition du père Noël
Le lion l'autruche et le renard,
Mertilou prépare l'été
Nous n'irons plus au restaurant

* extrait du catalogue, voir page 62

4

Stéphane Ternoise

La fille aux 200 doudous
et autres pièces de théâtre pour
enfants

13 septembre 2013

Jean-Luc PETIT Editeur / livrepapier.com

Stéphane Ternoise versant dramaturge :

http://www.dramaturge.fr

Tout simplement et logiquement !

Stéphane Ternoise

La fille aux 200 doudous et autres pièces de théâtre pour enfants

Jouer une pièce de théâtre, même pour un public restreint, même lors d'un spectacle gratuit, même avec uniquement des enfants sur scène, nécessite l'autorisation de son auteur (ou son représentant).

La fille aux 200 doudous est une pièce de théâtre jouée par de nombreux enfants.
Pour *Les filles en profitent*, deux filles "torturent" un garçon turbulent puni. Les *Révélations sur la disparition du père Noël* nécessitent la présence de onze enfants mais la pièce fonctionnera avec quelques-uns en plus ou en moins. *Le lion l'autruche et le renard*, c'est sept rôles principaux et un nombre indéterminé de figurants. Pour *Mertilou prépare l'été*, de nombreux merles-enfants figurants et deux rôles principaux. *Nous n'irons plus au restaurant :* deux garçons et une fille.

La fille aux 200 doudous

Pièce pour enfants en un acte

Distribution :

Six à une vingtaine d'enfants.

Scène : dans son lit, une fillette, 6-7 ans, à peine visible. Trop de doudous ! Des doudous aussi dans toute la chambre.

Entrent des enfants (minimum cinq, même âge), sur la pointe des pieds. Ils observent, admirent, se sourient, s'extasient, se montrent des doudous.

La fille aux 200 doudous

Acte 1

1er enfant : - Dans sa chambre, on avance au p'tit bonheur la chance.

2eme enfant : - Même son oreiller est envahi.

3eme enfant : - Ses étagères, c'est pire que ma grand-mère avec ses pots de confiture.

: - C'est pire que mon grand-père avec ses boîtes à outils.

Autre enfant : - Pire que la garde-robe de maman

La fillette du lit sourit, comme si elle s'apercevait seulement à l'instant de leur présence.

3eme enfant : - C'est la fille aux 200 doudous, y'en a partout, y'en a partout.

Autre enfant reprend en murmurant : - C'est la fille aux 200 doudous, y'en a partout, y'en a partout.

: - C'est la fille aux 200 doudous, tous les p'tits loups en sont jaloux.

La fillette du lit : - Ne soyez pas jaloux, mes amis. Vous croyez peut-être qu'on n'a pas ses petits soucis, quand on doit surveiller du matin au soir 200 doudous ? Et même du soir au matin.

: - Des soucis comme ça, j'aimerais bien en avoir.

La fillette du lit : - Pourtant, ce n'est pas spécialement drôle, quand souriceau se cache derrière papa éléphant alors qu'il devrait dormir près de sa tendre maman. Et la nuit, vous croyez peut-être que tous ont sommeil en même temps ? C'est pire qu'un dortoir d'écolières.

11

4eme enfant : - Un dortoir d'écolières, ça n'existe pas !
2eme enfant : - Mamie m'a raconté : il y a très très longtemps, c'était bien avant l'an 2000, les enfants ne rentraient pas chez eux le soir mais restaient dormir à l'école, dans un dortoir.
4eme enfant : - Un dortoir ! Comme leurs parents étaient méchants !
2eme enfant : - Mais non grand bêta, ce n'était pas possible autrement, il n'y avait pas de bus.
4eme enfant : - Arrête de raconter des blagues.
La fillette du lit : - C'est peut-être surprenant mais c'est pourtant vrai. Et les enfants n'ont pas toujours eu des doudous comme nous, beaucoup se contentaient d'un simple chiffon.
4eme enfant : - J'aurais refusé de dormir ! J'aurais manifesté ! J'aurais crié !
Autre enfant : - J'aurais pincé !
4eme enfant : - J'aurais déménagé chez grand-mère !

1er enfant, *va vers une étagère et prend un chien en peluche* : - Il s'appelle comment ?
La fillette du lit : - Chacun a son surnom, d'abat-jour à zombou. Quant à lui, c'est Scott-Key.
1er enfant : - Scott-Key ?

La fillette du lit : - Je suppose que tu n'as pas choisi ton nom, pas même ton prénom ni ton surnom. Hé bien lui, c'était un chien abandonné. *(rêveuse, doucement :)* J'avais quatre ans : il pleuvait, et lui pleurait à la vitrine d'un magasin,
4eme enfant *(à son voisin)* : - Ça ne pleure pas un doudou !
La fillette du lit, *qui a entendu, se tourne vers lui :* - Tu as déjà oublié qu'un doudou, parfois, ça pleure ! *(reprenant*

(*l'histoire*) il pleurait à la vitrine d'un magasin, avec une étiquette à l'oreille droite, une vilaine étiquette jaune avec 5 lettres majuscules noires : s-o-l-d-e.

1er enfant : - Et toi, tu ne savais pas que ça voulait dire SOLDE !

La fillette du lit : - J'avais quatre ans, ne l'oubliez pas quand même ! Forcément, j'ai forcé mon papa à entrer, et avec toute la fierté de mes quatre ans, j'ai demandé à la vendeuse, en la regardant bien droit dans les yeux « il s'appelle vraiment solde ? »

1er enfant : - Tu savais déjà lire ?

La fillette du lit : - Ça c'est une combine de mon papa adoré ! Je t'achète un doudou mais cours d'orthographe chaque soir, avant la lecture d'une histoire. C'est ainsi qu'à trois ans et demi je savais presque tout lire.

1er enfant : - Mais tu croyais que SOLDE, c'était son nom !

La fillette du lit : - N'as-tu jamais fait d'erreurs qu'aujourd'hui tu trouves plus grotesques ?

1er enfant : - C'était juste pour vérifier que tu n'étais pas une petite génie ! Bon, alors, la vendeuse, elle a souri en interrogeant ton papa du regard ou elle t'a répondu ?

La fillette du lit : - On me répondait toujours, quand j'avais quatre ans et que je regardais droit dans les yeux, tu vois, comme ça (*elle le fixe*).

3eme enfant : - Elle a hurlé « une martienne » !

La fillette du lit : - Euh…

3eme enfant : - Quoi euh ?...

La fillette du lit : - Bin la vendeuse, sans détourner les yeux, a répondu : « euh… » Alors je lui ai expliqué, comme on parle à une vendeuse qui n'a rien compris : « vous voyez, j'ai déjà un doudou prénommé SOLDE, une adorable grenouille rouge cerise Burlat, alors, bien que je souhaite l'adopter, j'aurais trop peur que ça crée de la confusion dans ma chambre. »

3eme enfant : - Elle était surtout surprise que tu saches déjà lire !

3eme enfant : - Elle s'est moquée de toi ?

La fillette du lit : - Pas du tout, petit impertinent ! Elle m'a répondu poliment, « son véritable nom c'est Scott-Key »… et un ton en dessous, « c'est une erreur de ma collègue. »

2eme enfant : - Alors ton papa te l'a acheté !

La fillette du lit : - Comment as-tu deviné ? Mais avant j'ai demandé, « et vous écrivez ça comment », alors j'ai noté ce mot nouveau dans mon carnet (*elle prend le carnet sur la table de nuit, le feuillette tendrement*).

2eme enfant : - Ça veut dire quoi, Scott-Key ?

La fillette du lit : - Secret !

3eme enfant : - Tu réponds ça car tu n'en sais rien !

La fillette du lit : - Mais tu es aussi polisson que les bébés hérissons.

3eme enfant : - Allez, donne-nous la solution.

La fillette du lit : - Même au sujet des doudous, il doit rester un peu de mystère dans le choix des surnoms.

Chœur des enfants :

C'est la fille aux 200 doudous, y'en a partout, y'en a partout.
C'est la fille aux 200 doudous, tous les p'tits loups en sont jaloux.
C'est la fille aux 200 doudous, ses secrets sont pas pour nous.

3eme enfant : - Comment tu te repères ?

14

La fillette du lit : - Avant, c'était lundi doudous blancs, mardi mauves, mercredi marron, jeudi jaunes, vendredi verts, samedi sable et dimanche autres couleurs.

2eme enfant : - Le lundi était roi !

La fillette du lit : - Maintenant, les jours de la semaine s'appellent fête des lapins, des chats, des canards. Fête des oursons, des toutous et des bizarres.

4eme enfant : - Et le septième jour ?

La fillette du lit : - Monsieur sait compter ! Ah ! Le septième jour…

Les enfants : - Oh raconte !…

La fillette du lit : - Le septième jour est… un peu spécial dans le nouveau calendrier des doudous… c'est le jour des élections.

Les enfants : - Des élections !?

La fillette du lit : - Par un vote, naturellement à pattes levées, les doudous décident qui sera célébré.

4eme enfant : - Y'a quoi à gagner ?

La fillette du lit : - Le plus beau des cadeaux !

Un enfant : - Une tenue de Zorro ?

La fillette du lit hausse les épaules.
Les réponses fusent à son grand désappointement :

Un enfant : - Une écharpe ? Un bandana ?

Un enfant : - Un yaourt aux fraises ?

Un enfant : - Des billes ?

Un enfant : - Une game boy ?

Un enfant : - Un puzzle… de cochons des Pyrénées ?

Un enfant : - Une plaque de chocolat… suisse ?

(lors des représentations, d'autres réponses, suivant les goûts et l'actualité, peuvent être ajoutées, préférées)

15

Un enfant : - Allez, dis-nous…

La fillette du lit : - Le plus beau des cadeaux dont peut rêver un doudou… le gagnant dort dans mes bras.

3eme enfant *spontanément :* - Je peux participer aux élections ?

La fillette du lit lui sourit ; tous le regardent ; il est gêné.

3eme enfant : - Tu dors encore avec un doudou dans les bras !

La fillette du lit : - Pas toi ?

3eme enfant : - Eh… (*tous la regardent*)

3eme enfant : - Mais normalement c'est un secret.

La fillette du lit : - Si quelqu'un rit de toi parce que tu dors avec un doudou dans les bras, demande-toi s'il profite vraiment de chaque seconde de sa nuit.

Autre enfant : - Et un jour, tes doudous iront au grenier ?

La fillette du lit : - Grandir, ce n'est pas forcément s'éloigner de ses doudous, et surtout pas les renier !

Chœur des enfants :

> C'est la fille aux 200 doudous, y'en a partout, y'en a partout.
> C'est la fille aux 200 doudous, tous les p'tits loups en sont jaloux.
> C'est la fille aux 200 doudous, et nous avons rendez-vous avec nos doudous.

Ils sortent de scène (en courant sur la pointe des pieds).

La fillette du lit : - bon, maintenant, les doudous, la récréation est terminée. On arrête de se prendre pour des enfants (*se tournant vers un renard*) : j'aimerais bien dormir, moi, quand même, un peu. Il exagère ce monsieur Renardo des Forêts d'étagères.

Le 4eme enfant passe la tête à la porte, gêné, toussote un peu, sans parvenir à attirer l'attention. Timidement.

: - mademoiselle, mademoiselle… (*la fillette se tourne vers lui et lui sourit*)

: - c'était pour de vrai, quand j'ai parlé des élections.

La fillette du lit : - je sais, je sais… mais si tu n'as pas les voix des lapins et des ours, tu n'as aucune chance de gagner… (*le quatrième enfant est triste*) peut-être que dans dix ans, je serai la seule électrice.

Rideau - Fin

Cette pièce est jouée, au moins depuis 2008. Peut-être même avant... En 2011, j'ai lancé une recherche sur google.fr "la fille aux 200 doudous" et des représentations étaient référencées, sur des sites de troupes, articles de presse et même un festival organisé par une ambassade de France. Hé oui, sans autorisation. Donc "naturellement" sans versement de droits d'auteur.

J'ignore pour l'instant qui régularisera de manière amiable ces représentations non autorisées. Pour les autres, il me sera peut-être nécessaire, pour l'exemple (les sommes en jeu sont minimes) de passer par la justice.

a) le 7 juin 2009, le théâtre Enfants "Style Enfantin" du foyer Loisirs de Thuré (86540)

b) le 19 juin 2009, à Foulayronnes, par le groupe 6-8 ans de l'atelier théâtre de l'Escalier qui monte, d'Agen (47000). L'article de *La Dépêche du midi*, signalait, auteur : *anonyme* !

c) le 4 mai 2010, XVIIème Festival de théâtre francophone amateur. Palais des Enfants et de la Jeunesse, à Minsk en Biélorussie. Par la Troupe « Point de vue. »
Joué dans un festival organisé par l'ambassade de France à Minsk en Biélorussie, qui ne s'est pas souciée de la légalité des prestations.

d) La troupe *Les débarqués* (les Bout'chous de 6 à 9 ans) en 2008, sûrement en mai, via l'association *La Chapelaine*, située à la Chapelle sur Erdre (44240), au nord est de Nantes.

e) Les enfants du CAJ « *La Source* », via l'association *Les Fontaines,* de Vernon (27201). Une pièce mise en scène par Emilie Mallet, Nathalie Lenglart et Jean-Claude His.

f) Le Festival de théâtre scolaire de Tananarive (Madagascar) : 6ème édition, du 15 au 19 avril 2008. Avec le mardi 15 Avril, la
Journée des écoles primaires, le CM1 La Clairefontaine (Ambodivoanjo) présentant *La fille aux 200 doudous*. Moralité : il convient d'effectuer un véritable travail de veille informatique sur les titres de ses pièces !

Avec la troupe de théâtre agenaise *l'Escalier qui monte*, la régularisation fut rapide, un échange de mail, une conversation téléphonique. Le texte avait été découvert sur un site internet ne spécifiant pas le nom de l'auteur. Effectivement, et malheureusement, de nombreux sites reprennent cette pièce sans même noter le nom ni un site du dramaturge. Encore un travail à effectuer : contacter les webmasters de ces sites.

Cette pièce est malheureusement aussi présentée dans son intégralité sur un site marocain, sans nom d'auteur, sans page de contact compréhensible (la majeure partie des écrits est en arabe)

Il m'a parfois fois fallu préciser :

Naturellement, l'utilisation d'un texte de théâtre répond au droit français. Le fait de présenter ce texte gratuitement sur un site ne constituant pas une autorisation de représentation.

Rappel :

Dans le cadre d'une représentation publique :

- Une troupe doit demander l'autorisation à un auteur vivant pour jouer un de ses textes.

Jouer sans autorisation une pièce d'un auteur vivant (ou décédé depuis moins de 70 ans) constitue une violation du droit d'auteur.

- Un contrat doit être signé avant les représentations.

- Aucun changement dans le texte, le titre ou le nom des personnages ne peut être effectué sans l'accord de l'auteur ou son ayant droit.

Un article né de cette expérience :

Auteur : perdre du temps pour faire respecter ses droits...

Etre joué, oui, mais être payé est nécessaire pour vivre !

Etre joué à l'étranger est naturellement un honneur.

Etre à l'affiche d'un festival avec Georges Feydeau, Charles Perrault, Anatole France ou Marcel Aymé, procure naturellement une certaine joie.

La fille aux 200 doudous fut à l'affiche du XVIIème FESTIVAL DE THÉÂTRE FRANCOPHONE AMATEUR de Minsk, en Biélorussie. En mai 2010.

Ce festival est organisé par l'ambassade de France en Biélorussie.

Mais je n'ai pas touché un centime de droits d'auteur. J'aurais même dû donner mon accord avant la représentation...

Certes, ce n'est pas la seule fois que *La fille aux 200 doudous* fut ainsi jouée ! Quasi clandestinement.

Quand il s'agit, comme en 2008, d'une école à Madagascar (La Clairefontaine Ambodivoanjo Ecole Primaire de Tananarive) je pourrais comprendre l'absence de paiement (même si des droits d'une valeur symboliques auraient été appréciés, pour marquer le respect dû à un dramaturge) s'il s'agissait d'une école purement locale mais une école française bénéficiant sûrement d'un subventionnement de l'Etat français avec des profs expatriés à prix d'or...

Donc à chaque fois que vous jouez une pièce sans en demander l'autorisation... ça finit "parfois" par se savoir !

Le mieux est quand même de signer un contrat... comme la législation l'exige d'ailleurs...

LA FILLE AUX 200 DOUDOUS est aussi une chanson

Dans sa chambre on avance
Au p'tit bonheur la chance
On voit pas d' place dans son lit
Même l'oreiller est envahi

C'est la fille aux 200 doudous
Y'en a partout
Y'en a partout
C'est la fille aux 200 doudous
Tous les p'tits loups en sont jaloux

Chacun a son surnom
D'abat-jour à zombon
Et comme faut d'la discipline
Y'a prison sous les pulls marines

C'est la fille aux 200 doudous
Y'en a partout / Y'en a partout
C'est la fille aux 200 doudous
Tous les p'tits loups en sont jaloux

Les jours de la semaine
S'appellent fête des big ben
Fête des lapins chats canards
Oursons toutous et des bizarres

C'est la fille aux 200 doudous
Y'en a partout / Y'en a partout
C'est la fille aux 200 doudous
Tous les p'tits loups en sont jaloux

Ce texte est devenu une vraie chanson après son passage devant les yeux de Blondin, qui composa la musique (avec les arrangements de Vita). Elle figure à son répertoire... www.chansonnier.fr

Les filles en profitent

Pièce pour enfants en un acte

(si vous souhaitez un titre plus original : *la circonstance aggravante*)

Distribution :
3 enfants, deux filles, un garçon.

Ismaël, 9 ans
Assia, 6 ans, sa sœur.
Romane, 12 ans, sa demi-sœur

Décor : le salon d'une maison... Deux portes, dont une extérieure.

Les filles en profitent

Acte 1

Ismaël, seul, attaché sur une chaise, les mains liées dans le dos.

Ismaël : - C'est trop injuste ! M'attacher ! J'ai juste frappé un peu trop fort ! (*il imite sa mère :*) « Et circonstance aggravante, celle de monsieur le maire ! »
(*reprend sa voix après une pause :*) Je ne sais même pas ce que ça veut dire, « circonstance aggravante. » Elle ne devrait pas avoir le droit de me punir pour des choses que je n'ai pas apprises à l'école !

Entre Romane en souriant...

Romane : - Alors Ismaël, tu as encore fait une bêtise !

Ismaël : - Une « circonstance aggravante » !

Romane : - Maman m'a tout raconté, ça ne sert à rien d'essayer de m'embrouiller !

Ismaël : - Je te jure, elle m'a répété au moins trois fois « *circonstance aggravante* » ! Tu sais ce que ça veut dire, toi ?

Romane : - Si tu avais cassé un carreau des hollandais, avec ton ballon, c'aurait déjà été quelque chose de grave. Mais là, en plus, c'est celle de monsieur le maire, c'est ça qu'elle veut dire par « circonstance aggravante »

Ismaël : - Un carreau, c'est un carreau !

Romane : - Mais monsieur le maire a des carreaux en or !

Ismaël : - Si c'était de l'or ils n'auraient pas cassés ses carreaux... mais je les aurais volés !

Romane : - C'est encore une façon de parler ! Tu as quel âge ?

25

Ismaël : - C'est facile de jouer les grandes quand je suis ligoté ! Explique-moi plutôt « la circonstance aggravante »

Romane : - Monsieur le maire, c'est la personne la plus importante du village... après moi et mon chien !

Ismaël : - Je n'ai pas choisi, je voulais juste envoyer le ballon le plus haut possible.

Romane : - Tu as vraiment les pieds carrés. Tu ferais mieux de faire du ping-pong

Ismaël : - Très drôle ! Détache-moi, plutôt.

Romane va vers lui, s'assied par terre... lui retire la chaussure droite.

Ismaël : - Qu'est-ce que tu fais ?

Romane : - Tu ne m'as pas demandé de détacher ta chaussure ?

Ismaël : - Tu le fais exprès ?

Romane : - La première qui te détache prend ta place, parole de maman ! Je ne suis pas folle.

Ismaël : - Elle est vraiment fâchée !

Romane : - Je crois bien.

Elle lui retire la chaussette, se lève en souriant et sort par la porte extérieure.

Ismaël : - Elle est bizarre, parfois, la grande ! Maman a beau dire que c'est l'adolescence, je crois surtout que c'est parce que c'est une fille ! En plus, il parait qu'on n'a pas le droit de se marier avec sa demi-sœur !

Romane revient en cachant quelque chose derrière le dos, s'approche d'Ismaël...
Elle s'assied à côté de lui, par terre. Il la regarde, se demande ce qu'elle fait.

Ismaël : - Tu joues à quoi ?

26

Romane sourit et passe la plume d'oie sous le pied droit d'Ismaël qui sursaute, hurle, tout en riant de douleur.

Ismaël : - Arrête ! Arrête ! Je t'en supplie.

Romane continue.

Ismaël : - Je te jure, je raconterai plus jamais à maman que tu es amoureuse de Grégory.

Romane continue. Lui aussi.

Ismaël : - Je ne raconterai plus jamais que tu as perdu tes boucles d'oreilles.

Romane continue. Entre Assia.

Assia : - Ismaël, je sais que tu as fait une grosse bêtise et tu es puni pour toute la journée.

Ismaël : - Assia, faut l'arrêter, elle me torture.

Assia : - Et j'ai quoi, en échange ?

Ismaël : - Une carte Pokémon. Fait-la arrêter, elle me torture.

Romane lui renvoie un coup de plume, il hurle et sursaute.

Assia : - Une carte, c'est pas assez.

Ismaël : - Cinq. En plus les crottes de votre chien m'intoxiquent.

Romane : - Qu'est-ce qu'il t'a fait, notre chien ? Il est propre, lui, au moins, il fait caca dans sa litière. Pas comme ton chat !

Assia : - Les cartes Pokémon, et quoi d'autres ?

Ismaël : - N'en profite pas !

Assia avance vers lui et passe derrière.

Romane recommence ! Lui aussi.

Ismaël : - Dis-moi ce que tu veux.

Assia sourit en regardant Romane.

Assia : - Tu me promets de ne pas raconter une seule de mes bêtises de la journée à maman.
Ismaël : - Promis.

Assia, derrière le dos d'Ismaël, se penche, prend un gant en plastique, le met à sa main droite, prend « quelque chose » dans la litière du chien, se relève.

Assia : - Romane, tu veux bien arrêter de torturer mon frère préféré.
Romane : - Puisque tu le demandes aussi gentiment.

Romane se lève.

Assia : - Qu'est-ce qu'on dit Ismaël ?
Ismaël : - Merci Assia.
Assia : - Assia comment ?
Ismaël : - Assia, ma petite sœur.
Assia : - Assia.. A... do...
Ismaël : - Assia adoré
Assia : - C'est bien. J'aimerais que tu le dises chaque jour.

Elle s'avance, lui pince le nez avec la main gauche, il ouvre la bouche, elle lui enfourne le caca du chien qu'elle maintient dans sa bouche. Ismaël essaye de cracher, hurler.

Assia : - Ça t'apprendra à toujours critiquer notre chien !

Romane : - Et tu as promis de ne pas raconter une seule bêtise d'Assia à maman...

FIN

Naturellement, il est préférable que le caca du chien soit du chocolat durant les répétitions... et même lors des représentations !

Révélations sur la disparition du père Noël

Pièce pour enfants en un acte

Distribution :

Onze enfants.

La pièce peut être jouée par un nombre différent d'enfant (en plus ou en moins) en modifiant la lecture de la lettre au père Noël.
Cette pièce n'exige aucun décor précis.

Précision : il s'agit de l'adaptation du conte éponyme écrit par Stéphane Ternoise en 2004.

Révélations sur la disparition du père Noël

Acte 1

Premier enfant, *seul en scène :* - Cette année-là, le 14 juillet, les gouvernements et agences de presse de la planète bleue ont reçu, via le canal lunaire, un communiqué du père Noël.

> *Neuf enfants entrent sur scène. Le deuxième enfant arrive avec une lettre qu'il passera au troisième, qu'il passera au quatrième...*

Deuxième enfant : - « Chers amis terriens, J'ai tout essayé pour les sauver. Mais votre climat leur a été fatal. Trop pollué. Les cerfs et les rennes venus sur terre en décembre dernier, ont tous péri. Les grandes forêts de notre paradis rouge et blanc demeurent certes encore amplement peuplées mais les faons et les biches ont tellement pleuré que c'est la première grève générale de notre sphère : tous refusent de se préparer au long voyage vers votre planète.

Troisième enfant : - Toutes les familles sont en deuil, ont perdu au moins un proche, le père ou un oncle, ou un voisin (chez nous la famille inclut les voisins).

Quatrième enfant : - Leur grève est illimitée. Il en sera ainsi tant que votre climat sera détérioré.

Cinquième enfant : - Je les comprends : j'ai moi-même traîné durant des semaines une polluloïde aiguë. Quant à ma fille, venue m'aider durant cette joyeuse distribution, son teint m'inspire encore de paternelles inquiétudes.

Sixième enfant : - Je vous laisse le soin d'annoncer aux enfants de la terre ce drame.

Septième enfant : - J'espère revenir un jour. Mais il vous faut choisir entre les cheminées d'usines, les pesticides, les voitures et le sourire des enfants.

Huitième enfant : - *'L'idéologie de la croissance tue la vie'* a récemment écrit un de vos romanciers. Je me permets un conseil : lisez ses livres, suivez ses recommandations.

Neuvième enfant : - Le sourire des enfants va me manquer.

Dixième enfant : - Je compte sur votre lucidité, votre bonté, votre soif du merveilleux, votre amour des enfants. Votre dévoué, le père Noël»

Ces neuf enfants sortent.

Premier enfant : - Ce fut l'incrédulité : « *tu sais la bonne blague qu'on a reçu* » fut sûrement la phrase la plus entendue ce jour-là dans les agences de presse. De nombreux ministres de la réception des données intersidérales hésitèrent à faire remonter l'information.

Onzième enfant, *entre* : - Mais les services secrets authentifièrent l'origine indiscutable du message.

Premier enfant : - Et chaque pays réagit de manière assez similaire...

Onzième enfant : - La dépêche fut classée aux « dossiers secrets jusqu'à nouvel ordre. »

Premier enfant : - Et toute personne en ayant eu connaissance dut jurer de ne jamais la révéler.

Onzième enfant : - Il y eut peu de récalcitrants, donc peu de transferts en rééducation, encore moins d'exécutions.

Premier enfant : - Dans chaque pays, la dépêche devint une affaire d'état. En France, par exemple, lors d'un conseil des ministres extraordinaire, le ministre de l'industrie se voulut solennel :

Huit enfants reviennent, avec des chaises qu'ils posent derrière eux, tout formant une haie d'honneur. Entre le président, solennel. Les huit enfants placent les chaises en demi-cercle. Deux enfants vont chercher un fauteuil, qu'ils placent au centre, où s'installe le "vénérable président de la République de la France."

Le ministre de l'industrie : - Monsieur le vénérable président de la République de la France éternelle, chers collègues ministres, messieurs les secrétaires d'Etat, nos industries sont les plus modernes, les moins polluantes du monde, et je peux affirmer de manière catégorique et sincère, que le grand nuage de pollution observé sur certains pays en fin d'année dernière, s'est arrêté à la frontière allemande. Les services spécialisés du ministère sont formels. Les cerfs du Père Noël venus en France sont donc indemnes. Je vous le parie : notre beau et grand pays sera le seul où les enfants ne verseront aucune larme de chagrin. Je suis optimiste, il ne faut jamais se résoudre à la sinistrose, le Père Noël sera des nôtres, le Père Noël sait combien le gouvernement de la France.

Exaspération croissante du président durant cette déclaration. D'abord en se grattant l'oreille droite, puis en s'arrachant quelques croûtes de l'oreille gauche.

35

Le premier ministre, *le coupant :* - Bien, dictez vos explications à votre secrétariat, pour le cas où une fuite malintentionnée filtrerait dans la presse.

Un sourire général. L'atmosphère se détend.

Onzième enfant *commentant* : - Naturellement tout le monde sourit, en cette époque où la presse quémandait une autorisation au ministère de l'information et des statistiques avant d'évoquer un sujet.

Le président pose la main droite, puis la gauche, sur les documents placés devant lui, les pouces se touche, le silence est total.

Le président : - Monsieur le premier ministre de la France, quelles sont vos propositions ?

Le premier ministre : - Monsieur le vénérable président de la République de la France, j'avoue être confronté à une situation sans précédent dans notre illustre histoire. Il m'est donc difficile de me référer aux décisions de nos glorieux aînés.

Le président : - Bien. Ayant prédit votre analyse, j'ai personnellement, au nom de la France éternelle, pris l'initiative, ce matin même, d'appeler mes amis les chefs d'Etats des pays phares de l'humanité. Après les sujets traditionnels, je vous épargne le détail des guerres, émeutes et de l'inflation galopante à tenir par la bride d'une main ferme. Après ces dossiers qui font le quotidien de ma vocation, cette dépêche fut évoquée. Et sur ma proposition, nous avons décrété un grand plan baptisé BARBE BLANCHE. (*silence, regard émerveillés*) Vous allez me demander, quel est ce plan ? Je vais vous le dire : des acteurs seront priés de pallier la défection du père

Noël, chaque région devant considérer que le père Noël, légèrement souffrant, a fait l'impasse sur sa contrée suite à une productivité insuffisante. Ce qui nous permettra de remotiver nos forces vives, appréciez le raisonnement. Il faut toujours savoir se servir des impondérables. Que la leçon soit retenue, méditée, et que plus tard on se souvienne, avec nostalgie et déférence, de l'origine de cette méthode de gouvernement.

Le premier ministre ouvre simplement la bouche...

Premier enfant, *commentant* : - Le premier ministre a simplement ouvert la bouche. Il témoigne ainsi avoir préparé un alexandrin pour glorifier ce haut fait.

Mais le Président, majestueux, lève solennellement la main gauche.

Onzième enfant, *commentant* : - Quand le président lève la main gauche, ça signifie : laissez poursuivre ma communication sans même la perturber par des acclamations.

Le président *enchaîne* : - Le père Noël est donc officiellement légèrement indisposé, ce qui est, vous en conviendrez, l'expression la plus proche de la réalité que nous puissions offrir à notre bon, fidèle et laborieux peuple. Que surtout, et j'insiste sur ce point, que surtout personne ne puisse supposer que la vieillesse du père Noël pourrait être cause de cette défection. Le père Noël, comme tout être d'exception, vit au-delà des contingences de l'âge. Vous commanderez d'ailleurs à nos journaux les plus lus, des dossiers sur nos fringants centenaires.

Le premier ministre opine immédiatement.

Onzième enfant *commentant* : - Avez-vous bien observé

le Premier ministre ? Sa légère vibration des sourcils signifie « où vais-je trouver des fringants centenaires ? » Naturellement il n'aurait pu exprimer pareille difficulté.

Le président *enchaîne :* - J'ai par ailleurs personnellement écrit au père Noël pour lui proposer les services de nos plus éminents vétérinaires et lui ai par ailleurs proposé la capture des cervidés de la terre pour repeupler ses forêts.

Une pause.

Le président *conclue :* - Nul n'ayant d'éléments essentiels complémentaires, le conseil des ministres de la République de la France éternelle, s'achève sur ces modestes et vénérables propos.

Le président se lève. Le premier ministre et les ministres s'empressent de lui dresser une haie d'honneur. Et tout le monde sort.

Premier enfant : - Cette année-là, les enfants n'y virent que du feu, la version officielle fut naturellement propagée sans la moindre contradiction et le bon peuple fut heureux.

Onzième enfant : - Puis les industriels proposèrent de s'occuper de cette tradition. Et le palais présidentiel approuva, missionna les intermédiaires les plus généreux lors du tout aussi traditionnel congrès propice aux modestes cadeaux aux vénérables serviteurs de la nation.

Premier enfant : - Et les parents s'habituèrent.

Onzième enfant : - Des tenues rouges et blanches furent fabriquées en séries. Nulle carrure n'ayant été oubliée, des nains aux géants, conformément au manuel des recommandations ministérielles.

Premier enfant : - Cette figure de notre petite histoire nationale, le président, est décédé sans avoir obtenu de réponse du père Noël.

Onzième enfant : - Ce fut sans conteste son plus grand chagrin.

Premier enfant : - Sous sa tenue officielle d'ancien Président de la république, le vieillard ne quittait plus une tunique rouge et blanche taillée sur mesure.

Onzième enfant : - Son épouse confia au cercle restreint des derniers fidèles :

> *Un enfant (une fille) entre, et après quelques secondes...*

La fille : - jusqu'à l'ultime instant il a espéré, il me questionnait du regard.

> *Elle sort.*

Onzième enfant : - Aucun ministre n'avait naturellement osé supposer devant lui que les cervidés de nos forêts seraient incapables de tirer des traîneaux dans le ciel. Peut-être qu'aucun n'y a pensé d'ailleurs…

Premier enfant : - Les derniers protagonistes vivants de cette époque sont naturellement à la retraite. Certains ont gardé une copie de la lettre du père Noël. Aujourd'hui, nous pouvons la révéler sans risque : plus personne ne croit vraiment au père Noël.

Onzième enfant : - Même les Présidents de la République, lors de la traditionnelle passation de pouvoir, n'évoquent plus qu'avec un large sourire ce dossier du mythique coffre-fort de notre grand pays.

Premier enfant : - Nous pouvons donc tout révéler sans redouter de me retrouver dans l'un des cachots qui firent aussi la légende de notre nation.

Onzième enfant : - Mes petits-enfants m'ont même demandé pourquoi j'avais inventé cette histoire. La vérité est souvent incroyable.

Premier enfant : - Alors, ils sont venus voir son frère pour lui raconter que leur pépé était un peu fou.

Onzième enfant : - Pauvres enfants, si jeunesse savait !

Premier enfant : - Et comme on dit à la maison de retraite : si vieillesse pouvait !

FIN

Le lion l'autruche et le renard

Pièce pour enfants en cinq scènes

Distribution :

7 enfants avec du dialogue... et une multitude de figurants.

Enfant 1, celui qui raconte
Enfant-lion
Enfant-autruche
Enfant-taureau (animal du lion)
Enfant-vache (animal de l'autruche)
Enfant-veau (né de la vache et du taureau)
Enfant-renard

Au forum, une multitude d'enfants-animaux, les figurants.

D'après un conte traditionnel africain.

Le lion l'autruche et le renard

Scène 1

Alors qu'entrent en scène l'enfant-lion tenant l'enfant-taureau en laisse et l'enfant-autruche tenant l'enfant-vache en laisse :

Enfant 1 raconte : - Le lion et l'autruche ont décidé d'acheter une vieille grange, de la rénover et d'y vivre paisiblement.

Enfant-lion et enfant-autruche sourient, travaillent à leur grange.
Tandis que l'enfant-taureau et l'enfant-vache sont aussi inséparables.
L'enfant-vache sort de scène et à chaque fois qu'elle revient son vente a grossi.

Scène 2

Une nuit, dans la grange, légèrement éclairée.

L'enfant-autruche dort profondément.
L'enfant-lion lit le roman d'un vieux renard philosophe.
Devant lui l'enfant-vache est très agitée. Elle a une couverture sur le dos.
L'enfant-taureau regarde avec un peu d'inquiétude. Et soudain, de dessous la couverture, sort un magnifique enfant-veau.

Scène 3

L'enfant-autruche dort toujours profondément.
L'enfant-vache se câline avec l'enfant-veau.
L'enfant-taureau sourit de plaisir.
L'enfant-lion les observe avec admiration puis jalousie.

L'enfant-lion : - Comme ça, madame va posséder un véritable troupeau !

Il se gratte la tête, réfléchit, sourit soudain.
Il sort de scène et revient avec une grosse pierre qu'il pose près de l'enfant-vache. Il prend l'enfant-veau dans les bras et va le déposer derrière l'enfant-taureau. Il pousse la pierre derrière l'enfant-vache.
Il observe le tableau avec plaisir. Il se précipite réveiller l'enfant-autruche.

L'enfant-lion : - Mon amie, mon amie, réveille-toi, vite.

L'enfant-autruche se réveille difficilement...

L'enfant-lion : - Mon amie, mon amie, regarde comme c'est merveilleux, ta vache a accouché de cette magnifique pierre, et mon taureau d'un petit veau.

L'enfant-autruche *agite ses grandes ailes, hurle :* - Comment oses-tu affirmer cela ? Comment oses-tu me voler mon veau ?

L'enfant-lion, *très calme, d'une voix sévère :* - Quoi ! Moi, le lion, le plus honnête des animaux, m'accuser de vol !

L'enfant-autruche *qui ne se laisse pas impressionner :* - Oui, monsieur, ce veau est celui de ma vache, tu peux être le roi des animaux mais jamais ton taureau n'accouchera !

L'enfant-lion, *se met les pattes sur les hanches :* - Très bien madame je sais tout, nous allons convoquer l'ensemble des animaux de la forêt, dimanche même, et je poserai la question, qui sera alors démocratiquement mise aux voix du suffrage universel.

Scène 4

L'enfant-lion *écrit des affiches tout en déclarant* : - Madame l'autruche ose prétendre que le veau est né de sa vache alors qu'une pierre se trouvait derrière elle...

Scène 5

Grande foule au forum de la forêt. Tous les enfants peuvent participer. Au centre l'enfant-lion, à sa droite l'enfant-autruche. Derrière eux, l'enfant-vache, l'enfant-taureau et l'enfant-veau.

L'enfant-lion *de sa grosse voix :* - En résumé, madame l'autruche ose prétendre que mon taureau n'a pas pu accoucher du magnifique veau ci-présent !

Silence : l'enfant-lion fixe dans les yeux, l'un après l'autre, chacune des électrices, chacun des électeurs.

L'enfant-lion de sa grosse voix : - Que celles et ceux qui soutiennent l'autruche, que celles et ceux qui me traitent de menteur, se lèvent.

Silence total.

Soudain un bruit de course. Tout le monde se retourne. C'est l'enfant-renard, passant à quelques mètres du forum, avec un lourd fagot sur le dos.

L'enfant-lion, *savourant de sa victoire* : - Ami renard, pourquoi cette offense de ne pas avoir assisté à notre grand débat démocratique ?

Exténué, le renard s'arrête et répond timidement :

L'enfant-renard : - Maître, je n'ai pas pu assister à votre grand débat si juste et si démocratique, mais j'avais une bonne raison, je suis pressé.
L'enfant-lion : - Quel événement peut être plus important que notre grande leçon de démocratie directe ?
L'enfant-renard : - Je dois porter ce fagot au chevet de mon père qui s'apprête à accoucher.

L'enfant-lion *bondit de colère* : - Tu te moques de moi, Renardeau, tu sais bien qu'un mâle ne peut pas accoucher.

L'enfant-autruche *se précipite sur le lion et l'embrassa* : - Merci maître de nous l'avoir rappelé. Je m'en va ramener son veau à ma vache.

Sous les acclamations, l'enfant-autruche prend sa vache, son veau et les emmène. Tout le monde s'éloigne discrètement. L'enfant-lion frappe du pied par terre de colère.

Enfant 1 *revient discrètement :* - Depuis ce jour, les lions accusent les renards d'être trop rusés.

Fin

Mertilou prépare l'été

Pièce pour enfants en un acte

Les enfants sont déguisés en oiseaux, en merles.

Mertilou prépare l'été

Deux rôles principaux : Mertilou et Merlamaman, sa maman.
Un rôle avec deux phrases de dialogue : le voisin.
Et une multitude de figurants pour le final.

Mertilou et sa maman, Merlamaman, sur la plus grosse branche d'un chêne, dans la forêt derrière une maison. Mertilou déploie ses ailes.

Merlamaman : - Mertilou, Mertilou, que fais-tu ?
Mertilou : - Je vais chercher quelques brindilles. Ça manque d'herbe ici !
Merlamaman : - Et le chat ?
Mertilou : - Quel chat ?
Merlamaman : - Là-bas, sur le puits.
Mertilou : - Ah ! Il a pas l'air méchant, c'est un vieux chat tout noir et blanc.
Merlamaman : - Tu as déjà oublié ton frère ?
Mertilou : - Qu'est-ce qu'il a fait Mertiloulou ?
Merlamaman : - Pas grand frère, Mertilou, ton frère jumeau tombé du nid.
Mertilou : - Raconte-moi pas des histoires qui font pleurer.
Merlamaman : - Alors fais attention aux chats, Mertilou.
Mertilou : - Mais il est loin, je peux aller couper un peu d'herbe. Si tu le vois bouger, hop, tu me siffles et je viens te rejoindre.
Merlamaman : - Pauvre petit Mertilou, tu auras à peine le temps de le voir que tu seras déjà entre ses dents.
Mertilou : - Mais tu viendras me délivrer comme dans les histoires de pépémerloupe.

Merlamaman : - La vie c'est rarement des aventures qui finissent bien... pépémerloupe te raconte des légendes, du temps où un MerloDieu avait retiré leurs dents aux chats.

Mertilou : - Pourquoi il leur a rendus ?

Merlamaman : - Pourquoi il LES leur a rendus.

Mertilou : - Mais réponds à ma question !

Merlamaman : - Quelle question ?

Mertilou : - Oh ! Pourquoi il LES leur a rendus, leurs méchantes dents aux méchants chats ?

Merlamaman : - Ce sont les hommes, mon mertilou adoré, qui ont rendu leurs dents aux chats.

Mertilou : - Méchants hommes, méchants hommes.

Merlamaman : - Tu l'as dit Mertilou... et je ne t'ai jamais raconté l'histoire de Merlajosette, ma deuxième sœur cadette.

Mertilou : - Plus d'histoires tristes pour aujourd'hui.

Merlamaman : - Allez viens, on va en voyage dans le pays, ici c'est bien pour se reposer mais il manque quelques arbres fruitiers.

Mertilou : - C'est si bon que ça les cerises ? C'est pas juste une chanson que grand frère Merlartiste sifflote du matin au soir.

Mertilou chantonne :

> *Vive les cerises*
> *Qu'on mange à sa guise*
> *Dans mon petit ventre*
> *Viv'ment qu'elles y entrent*
> *Vive les cerises*
> *Qu'on mange à sa guise*

Merlamaman : - Allez zou, en repérage.

Merlamaman et Mertilou s'envolent.

En vol :

Mertilou : - Au revoir méchant chat, au revoir méchants enfants...

Merlamaman : - Les enfants ne sont pas tous méchants... cousine Merlasophie a bien eu de la chance quand le rétroviseur d'une vilaine voiture lui a cassé une aile...

Mertilou : - Oh oui, raconte-moi encore des belles histoires...

Merlamaman : - Un enfant l'a ramassée... Merlasophie a récité toutes ses prières... même celle pour être réincarnée en Humain... mais c'était un gentil enfant...

Mertilou : - Tu es certaine que ça existe, un gentil enfant, ou c'est aussi une légende ?

Merlamaman : - Il en existe... mais impossible de les reconnaître... Merlegourou dit bien que ces humains sont des réincarnations de merles et qu'il suffit d'observer leurs vies antérieures pour s'en apercevoir... mais il est bien le seul à y réussir... Merlapapa croit même qu'il vaut mieux se méfier de Merlegourou...

Mertilou : - Ils devraient avoir les cheveux verts.

Merlamaman : - Je crois que tu feras un excellent poète Mertilou... comme ton arrière-arrière-grand-père...

Mertilou : - Quand est-ce qu'on va le voir ?

Merlamaman : - On ne peut plus le voir... même moi je l'ai peu connu... mais il nous a laissé de belles récitations que bientôt tu apprendras à l'école.

Mertilou : - Si je suis déjà poète, c'est peut-être inutile que j'aille à l'école.

Merlamaman : - Je t'ai appris à te repérer dans l'espace, à lire les panneaux, à siffler, il faut que tu développes ton intelligence... la fréquentation des autres merloux et des Merlinstits te sera très profitable...

51

Ils se posent sur un arbre... un cerisier...

Merlamaman : - Elles sont belles ces cerises, tu ne trouves pas ?

Mertilou donne un coup de bec dans une cerise.

Mertilou : - Ouille ! C'est trop dur ! Ça fait mal au bec !

Merlamaman : - Mertilou !

Mertilou : - Quoi Mertilou ? En plus grand frère a toujours dit que c'est rouge des cerises, elles sont toutes vertes les tiennes... c'est même pas des cerises... (*Merlamaman sourit*) tu m'as menti Merlama...

Merlamaman : - On est en repérage, Mertigrinchon... les cerises sont d'abord vertes puis passent à l'orange et enfin au... rouge et alors deviennent tendres tendres... mais elles ne sont pas pour notre bec, ces cerises....

Mertilou : - Et pourquoi ?

Merlamaman : - Tu devines pourquoi ?

Mertilou : - A cause des chats.

Merlamaman : - Regarde là-bas... le filet vert...

Mertilou : - C'est quoi ?

Merlamaman : - Quand les cerises vont rougir, les méchants hommes vont mettre un grand filet sur leur arbre et nous, on ne pourra plus attraper une seule cerise.

Mertilou : - Il suffit de couper leur filet.

Merlamaman : - C'est bien trop difficile, mon Mertilou.

Mertilou : - C'est pas juste.

Merlamaman : - Ah ! On voudrait tous que le monde soit juste.

Mertilou : - Il doit bien y avoir un petit trou. Je me faufilerai et j'en mettrai plein sur mon cou.

Merlamaman : - Ah mon Mertilou ! Des aventuriers, j'en

ai connus. Et on les retrouvait le matin, complètement prisonniers du filet. Ils avaient trouvé une entrée mais un coup de vent et plus de trace de la sortie...

Mertilou : - Fais-moi pas peur... je te promets, je ferai jamais de grosses bêtises. Juste des petites.

Merlamaman : - Allez, on y va.

Mertilou : - Méchants hommes.

Merlamaman : - Allez... on y va...

Mertilou : - Je suis fatigué... tu me portes...

Merlamaman : - Ne fais pas ton Mertibébé, je vais te montrer notre restaurant.

Ils repartent.

En vol :
Mertilou : - C'est encore loin ?

Merlamaman : - Ne sois pas pressé, admire, admire notre pays...

Merlamaman *horrifiée :* - Oh MerloDieu !

Mertilou *paniqué :* - Merlamaman Merlamaman Merlamaman. Ça va pas Merlamaman ?...

Merlamaman *horrifiée répète :* - Oh MerloDieu !

Mertilou *paniqué :* - Tu as vu un chat volant ?

Merlamaman : - Regarde ces arbres coupés...

Mertilou : - Pourquoi ça te met dans cet état, j'en ai déjà vus des arbres coupés.

Merlamaman : - Mais ce sont nos cerisiers, mon Mertilou.

Ils se posent sur une souche. Merlamaman est accablée.

Mertilou : - Pourquoi ils ont fait ça ?

Merlamaman *difficilement :* - On m'a parlé de ces hommes qui touchent beaucoup d'argent pour couper leurs cerisiers, et ensuite ils en retouchent pour planter des pommiers.

Mertilou : - Bin on mangera des pommes, alors...

Merlamaman : - Mais les pommes sont trop grosses pour nous.

Mertilou : - Ils font tout ça pour nous embêter ! Méchants hommes !

Merlamaman : - Oh ! Ils ont leurs propres problèmes les hommes... mais nous...

Mertilou : - C'est pas grave Merlamaman, on en trouvera un autre, de restaurant.

Merlamaman *redresse la tête :* - Arrière-merlamémé m'a bien parlé d'une réserve... c'est un secret... un secret qu'on se transmet dans la famille, en jurant de n'en parler à personne... ton Merlapapa y est allé une fois... allez, on y va... c'est pas très loin mais il y a toujours du vent quand on traverse la vallée, alors mets-toi bien dans mon sillon, Mertilou.

Mertilou : - Je suis fatigué... on ira demain...

Merlamaman : - Il faut que je sache aujourd'hui... que je sache si on peut compter sur les arbres secrets... sinon...

Mertilou *inquiet :* - Sinon quoi ? Merlamaman ?

Merlamaman : - Ah mon Mertilou !... ne t'inquiète pas, ton Merloupa et ta Merlamam feront tout pour qu'il ne te manque rien...

Mertilou : - C'est grave Merlamaman ?

Merlamaman : - Allez ... on y va... inutile de s'inquiéter avant l'heure... (*se redressant vraiment et fixant son Mertilou*) je suis certaine que là-bas, il y aura les plus belles des cerises qu'on n'ait jamais vues de mémoire de merles... Allez Mertilou, on y va...

Ils s'envolent.

Quand Merlamaman et Mertilou aperçoivent les trois vieux cerisiers, ils sont remplis de Merles.

Merlamaman : - Mais ce sont les voisins ! Mais tout le monde est là !
Mertilou : - Je croyais que personne ne connaissait...

Ils se posent près d'un ami.

Merlamaman : - Mais comment connais-tu cet endroit, toi ?
Le voisin : - Ah ! Tu croyais aussi être la seule à le connaître !
Mertilou : - C'était un secret d'Arrière-merlamémé.
Le voisin : - Il faut croire que toutes les familles se transmettent le même secret.

Les merles sifflotent de rire.

FIN

55

Nous n'irons plus au restaurant

Pièce pour enfants en un acte

2 garçons et une fille, qui jouent des personnages d'adultes...

Salle d'un restaurant. Le restaurateur et un couple à l'unique table occupée.

58

Nous n'irons plus au restaurant

Pièce pour enfants en un acte

Les enfants jouent aux adultes dans un restaurant, avec le restaurateur et un couple.

Le restaurateur : - Puisque vous êtes les derniers clients ce soir, et qu'en plus vous êtes fidèles parmi les fidèles, je vous offre un pousse-café... Cognac, Grand-Marnier ? Cassis ?

Elle : - Nous vous remercions, c'est très gentil, un Grand-Marnier, avec plaisir.

Lui : - Je prendrai donc un Cognac, en vous remerciant.

Le restaurateur : - Avec plaisir, monsieur dame.

Le restaurateur retourne aux cuisines.

Elle : - C'est vraiment le meilleur restaurant du quartier.

Lui : - C'est même bizarre, qu'il n'ait pas plus de clients.

Elle : - Oui, c'est surprenant, le patron est pourtant toujours aimable... et ses sauces... quel régal !

Retour du restaurateur avec trois verres. Il sert.

Le restaurateur : - Pour madame. Pour monsieur. Et je me suis pris un petit calva pour trinquer à votre santé.

Ils trinquent.

Elle : - A votre santé, c'est vraiment très gentil.

Le restaurateur : - Oh, ça m'arrive régulièrement... et vous savez, j'aime bien parler, ça permet de discuter un peu. Notre métier, c'est souvent rester très discret. Si je racontais tout ce que j'ai vu et entendu dans ma carrière !

Elle : - Je peux être indiscrète ?

Le restaurateur : - Allez-y madame, comme dit l'autre, il n'y a pas de question indiscrète, il n'y a que les réponses.

Elle : - Où avez-vous appris à réaliser de telles sauces ?

Le restaurateur : - Oh ça !... je ne sais pas si je peux vous répondre...

Lui : - Ce n'est pas pour vous faire concurrence, juste pour information.

Elle : - Promis, nous ne répéterons rien.

Le restaurateur : - Je fus des stagiaires de l'Elysée. J'étais jeune !

Elle : - Ah !... les sauces sont une spécialité de l'Elysée ?...

Le restaurateur : - Spécialité... c'est un grand mot... mais il faut bien se décarcasser, après... c'est un véritable défi...

Elle : - Un défi ?

Le restaurateur, *souriant* : - Un secret, entre nous, c'est un véritable défi de réussir une sauce à l'Elysée... sans que personne ne s'aperçoive qu'on a fait quelques besoins dedans...

Les convives ont un hoquet.

Fin

Les pièces

Stéphane Ternoise... un peu plus d'informations

Né en 1968

http://www.ecrivain.pro essaye d'être complet, avec un "blog" (je préfère l'expression "une partie des chroniques"). Mais il ne peut naturellement pas copier coller l'ensemble des textes présentés ailleurs.

http://www.romancier.net

http://www.dramaturge.net

http://www.essayiste.net

http://www.lotois.fr

Les noms de ces sites me semblent explicites...
Le graphisme reste rudimentaire. Tant de choses à faire...

http://www.salondulivre.net le prix littéraire a lancé sa onzième édition. Une réussite d'indépendance. Mais peu visible...

L'ensemble des livres numériques ont vocation à devenir disponibles en papier et réciproquement. Il convient donc de parler de livre au sens fondamental du terme : le contenu, l'œuvre. En juillet 2013, le catalogue numérique de Stéphane Ternoise dépasse la barre naguère inimaginable de la centaine. Il est constitué de romans, pièces de théâtre, essais mais également de photos, qu'elles soient d'art (notion vague) ou documentaires (présentation de lieux, Cahors, Cajarc, Montcuq, Beauregard, Golfech...), publications pour lesquelles l'investissement en papier est impossible, sauf à recourir à l'impression à la demande.

Site officiel : http://www.ecrivain.pro

Présentation des livres essentiels : http://www.utopie.pro

La fille aux 200 doudous et autres pièces de théâtre pour enfants de **Stéphane Ternoise**

Dépôt légal à la publication au format ebook (978-2-916270-30-2) **du 12 août 2011.**

Imprimé par CreateSpace, An Amazon.com Company pour le compte de l'auteur-éditeur indépendant.
livrepapier.com

ISBN 978-2-36541-408-1
EAN 9782365414081

www.ingramcontent.com/pod-product-compliance
Lightning Source LLC
Chambersburg PA
CBHW060050050426
42448CB00011B/2390